Norbert Golluch
Stano Kochan

Das fröhliche Kinderhasserbuch

Eichborn Verlag

CIP-Kurztitelaufnahme der Deutschen Bibliothek

Golluch, Norbert:
Das fröhliche Kinderhasserbuch / Norbert Golluch;
Stano Kochan. — Frankfurt am Main : Eichborn,
1985.
 ISBN 3-8218-1816-6

NE: Kochan, Stano:

Februar 1985 bis Februar 1987: 8. Auflage

© Vito von Eichborn GmbH & Co. Verlag KG, Frankfurt am Main,
Februar 1985 · Cover: Dö unter Verwendung einer Zeichnung von
Stano Kochan · Gesamtherstellung: Fuldaer Verlagsanstalt GmbH
ISBN 3-8218-1816-6 · Verlagsverzeichnis schickt gern:
Eichborn Verlag, D-6000 Frankfurt 70

INHALT

Vorwort	5
Das kinderkundliche Kapitel	6
Was sind Kinder?	6
Eine Werteskala	9
Negative Erfahrungen mit Kindern	11
Kinder kosten Geld!	11
Kinder machen Krach!	13
Kinder machen alles kaputt!	16
Kinder stellen Forderungen	17
Wohnen mit Kindern	18
Kinder im Auto	19
Die besten Methoden, Kinder zeitweilig loszuwerden	22
Die Kindergartenmethode	22
Der Verwandtenbesuch	24
Auf den Spielplatz mit den lieben Kleinen!	28
Die medikamentöse Methode	29
Die Video-Methode	30
Die Geh-und-spiel-in-deinem-Zimmer-Methode	33
Die Kalorienmethode	33
Die Zoologische-Garten-Methode	35
Die Müllmethode	35
Die Medien-Karriere-Methode	36
Die Datenverarbeitungs-Methode	37
Schutzmaßnahmen gegen Kinder	41
Die Dauerlutscher-Falle	43
Die Etagen-Klappe	43
Die Kinderschleuder	43
Die Labyrinth-Falle	43
Die Fliegenleim-Methode	45
My Home is my Castle!	45

Aus der Geschichte des Kinderhasses 46
Der Fall Moses 46
Der Fall Columbus 47
Der Fall Ikarus 49
Der Fall Wilhelm Tell 50
Der Fall Hänsel und Gretel 53
Der Fall Hameln (Mehrfach-Kinderhaß) 55
Der Fall Tick, Trick und Track 55

Test: Sind Sie ein Kinderhasser? 58

Kleines Lexikon für Kinderhasser 61

Vorwort des Verfassers nach einer gründlichen Revision seiner Einstellung Kindern gegenüber

Dieses Buch ist für Menschen, die Kinder aus der Tiefe ihres Herzens aufrichtig hassen.
Der Kinderhaß ist in unserer Gesellschaft tief verwurzelt. Nachbarn, Verwandte, Mitmieter und sogar zufällige Passanten hassen Kinder abgrundtief und oft auch nicht ohne Grund. Hausbesitzerverbände, Schrebergartenvereine, öffentliche Verkehrsbetriebe und eine große Zahl pädagogischer Institute und Fakultäten an deutschen Universitäten sind die institutionelle Basis des Kinderhasses. Eltern praktizieren den Kinderhaß mit mechanischen, elektronischen und psychologischen Hilfsmitteln, nur — der Kinderhaß ist noch immer ein Tabuthema. Jeder — abgesehen von einigen Vorreitern der neuen Zeit — gibt sich kinderlieb.
Nun aber ist es an der Zeit. Auch die Kinderhasser sollten zu ihrer Einstellung stehen. Bei eben diesem Schritt in die Öffentlichkeit will dieses Buch ein Hilfe sein. Aber nicht nur dabei — auch für den Alltag mit Kindern (oder besser ohne) gibt dieses Buch nützliche und praktische Hilfen.
Schon wenn man sich ein wenig in seiner alltäglichen Umgebung umsieht, bemerkt man, wie sehr er unter der Oberfläche brodelt, der Kinderhaß. Laßt ihn hervorbrechen, lebt ihn aus!
Der Kinderschutzbund ist auf dem Holzweg! Es lebe der Kinderhaß!

Das kinderkundliche Kapitel

Was sind Kinder?

Kinder sind die unfertigen, noch in einer Entwicklung befindlichen Larven (igitt!) des erwachsenen Menschen (Homo sapiens). Sie leben vom Schlüpfen (Geburt) bis etwa zum 12. bis 14. Lebensjahr, manche Exemplare auch bedeutend länger, in diesem Larvenzustand. Dann entpuppen sie sich als **Heranwachsende** oder **Jugendliche,** ein neues Larvenstadium des Homo sapiens.
Wie alle Larven rumoren, bohren, fressen und zappeln Kinder, Jugendliche und Heranwachsende in einem entschieden abzulehnenden Maße, bis sie endlich als erwachsener Mensch sinnvollen Tätigkeiten nachgehen, z. B. dem Erwerb von Geld und Gut.
Im Gegensatz zu Insektenlarven, die wenigstens still sind, verfügen Kinder über ein ausgeprägtes akustisches Organ und gebrauchen es andauernd und ausgiebig: Sie schreien, brüllen, quieken, kreischen, jammern, quengeln, plappern, blubbern, singen und lamentieren unentwegt.
Noch relativ angenehm ist das **Kleinkind** oder **Baby,** das wenigstens unbeweglich in seinem Behältnis bleibt und seine Besitzer nur nachts mit seiner unschönen Stimme vom Schlafe abhält.

Gewinnt das Kind mit der Zeit trotz gegenteiliger elterlicher Bemühungen (»Na, wo itta denn, unsa lülülülü!«) Sprache und Beweglichkeit, ist alles zu spät. Weder die Tapete an der Wand noch der geliebte Dackel sind ihrer weiteren Existenz sicher, jedwedes Stück aus Glas, Keramik oder Porzellan in der Wohnung steht auf der Abschußliste, und die Eltern werden mit hoher Kinderstimme immer wieder daran erinnert, daß sie nun für die nächsten zehn oder zwölf Jahre auf jegliches eigenständiges Leben werden verzichten müssen.
Die sicherste Methode, diesen Zustand des Unentwegt-Beansprucht-Seins zu vermeiden, die rechtzeitige Verhütung, wird von viel zu wenigen Menschen praktiziert, wohl wegen der mit der spontanen Zeugung verbundenen Lustgefühle.

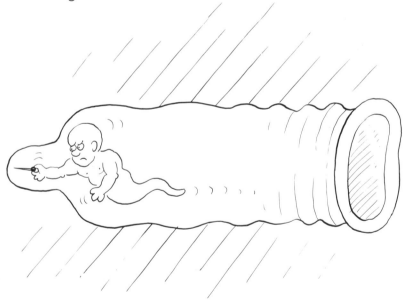

Da es nun für eine Verhütung aber offensichtlich zu spät ist, müssen wir den Dingen gemeinsam ins Auge sehen: Die Kinder sind da, oder, im günstigsten Fall, das Kind ist da. Abgesehen einmal von Larvenstadium und entwicklungsbedingten Metamorphosen: Zum Wesen des Kindes in jeder Entwicklungsphase gehört es, daß es lästig ist. Kinder sind, das ist die Meinung vieler erfahrener Kinderhasser in diesem Land, die absolut sicherste Art, sich jeden Spaß am Leben zu verderben. Kinder sind lästiger, aufdringlicher, widerspenstiger, störender, lauter, unnachgiebiger, neugieriger, hartnäckiger und teurer als irgend etwas anderes auf der Welt.

Eigentlich ist es verwunderlich, daß irgendwer sich in die hoffnungslose Situation begibt, Kinder zu haben. Zum Glück ist Kinderhaß eine vermittelbare Weltanschauung. Die Kinderhasser versuchen mit sanfter Gewalt, manchmal auch weniger sanft, die Unverbesserlichen zu missionieren, die immer noch daran glauben, Kinder seien ein positiver Lebensinhalt.

Eine Werteskala

Unsere Gesellschaft teilt sich in zwei Gruppen, was die Einstellung oder Weltanschauung Kindern gegenüber betrifft. Anhänger der ersten und verbreiteteren Gruppe der Kinderhasser haben, in der Reihenfolge ihrer Wertschätzung, etwa folgende Werteskala:
1. Auto
2. Urlaub
3. Haus/Wohnung
4. Haustier (Hund)
5. Bankkonto
6. Ehefrau/Ehemann
7. Fernsehgerät
8.—24. unterschiedliche Angaben, je nach Vorlieben, Hobbys usw.
25. Kind (falls es ein eigenes ist, sonst nicht unter den ersten 100)

Anhänger der zweiten Gruppe (Kinderfreunde) werten eher wie folgt:
1. Kind
2. Ehepartner/Lebensgefährte
3. Freunde, Bekannte
4. Gemeinsames Erleben
5. viel Ruhe und Erholung
6. große, gemütliche Wohnung
7. Haustiere
8. gesichertes Einkommen

Schon diese ersten acht Punkte zeigen, daß bei dieser zweiten Gruppe im Oberstübchen nicht alles ganz richtig sein kann, liegen sie doch mit den unvergänglichen Werten des Abendlandes (Pkw, Konto, Eigenheim) im argen. Auch die Tierliebe kommt, wie bei allen gestörten Menschen, etwas kurz. Das Kind steht, weiteres Symptom der Störung, auf einem völlig unangemessenen ersten Platz. Wenn Sie Anhänger der Kinderfreunde in Ihrer Umgebung feststellen, meiden Sie diese wie die Pest. Schon oberflächliche Kontakte können zu fortgesetztem Kinderbesuch führen! Schließen Sie, falls Sie Hausbesitzer sind, auf keinen Fall Mietverträge mit Kinderfreunden ab! Besonders große Wohnungen sind für Kinderfreunde und ihre oft großen Familien völlig ungeeignet: Besonders in weitläufigen Zimmern schallt Kindergeschrei ungemein!

Negative Erfahrungen Mit Kindern

Viele arglose Menschen, die noch keine oder nur oberflächliche Kontakte mit Kindern hatten, sehen das Problem nicht in seiner ganzen Breite. Für diese Gruppe, aber auch für Menschen, die bisher nur partiell kindergeschädigt sind, ist dieses Kapitel bestimmt. Wir wollen Sie durch vollständige und schonungslose Aufklärung auf all das vorbereiten, was Sie erwartet, wenn Sie sich unüberlegterweise entschließen sollten, Vater bzw. Mutter zu werden, ohne einen sofortigen und fortwährenden Abnehmer für Ihren Sprößling zu haben.

Kinder kosten Geld!

Kinder sind nicht nur eklig, sondern eklig teuer. Was z. B. ein achtjähriger Junge im Jahr kosten kann, zeigt die folgende Rechnung:

Kleidung	pro Monat	80,—	pro Jahr	960,—
Ernährung		200,—		2400,—
Süßigkeiten, Spielzeug		50,—		600,—
Haftpflicht, Entschädigungen, Flurschäden, Schmerzensgelder				1200,—
Miete anteilig		200,—		2400,—
Weihnachten, Geburtstag, sonstige Anlässe				400,—

Fahrtkosten, Kinokarten,
Jahrmarkt 350,—
Sonstiges 250,—
DM 8560,—

Zum Vergleich die Kosten für einen Hund mittlerer Größe:
Ernährung 100,— 1200,—
Haftpflicht 80,—
Tierarzt, Impfungen 250,—
Körbchen (bei Neuanschaffung) 39,80
Weihnachtsknochen, Geburtstagswurst 4,80
Regenmantel 16,75
DM 1591,35

Ergebnis:
Der Hund ist aus Kostengründen vorzuziehen, gibt er doch sicherer und problemloser als ein Kind die erwartete emotionale Wärme und Anhänglichkeit.
Zum weiteren Vergleich:
Hier die Kosten für einen Wagen der gehobenen Mittelklasse:
Steuern 281,—
Haftpflicht 980,—
Wartung/Reparaturen 1850,—
Benzin/15 000 km 1950,—
Wertverlust 3000,—
Sonstiges 800,—
DM 8861,—

Ein Mittelklassewagen ist zwar ähnlich teuer wie ein Kind, aber formschöner, praktischer und schneller. Er quengelt nicht, macht nicht in die Windeln und hat die besseren Knautschzonen.
Auch die Ladehöhe ist besser, und das Fahrzeug ist in der Regel leiser (80 Dezibel) als ein Kind.
Ein anderer handgreiflicher Beweis:

Zwei Kinder verursachen immerhin schon Kosten in einer Höhe, daß sich statt ihrer problemlos ein PS-starker Sportwagen betreiben ließe, der übrigens auch viel attraktiver auf Frauen wirkt als Kinder, meine Herren!

Kinder machen Krach!

Schon bei der Anschaffung einer Stereoanlage machen Kunden hin und wieder den Fehler, für ihre Wohnverhältnisse völlig überproportionierte Geräte zu erwerben. Hinterher — in der Sozialwohnung oder im Reihenhaus — zeigt sich das Gerät zur Beschallung mehrerer Wohneinheiten geeignet.

Nun wollen wir Sie hier nicht davon abhalten, einen Watt-protzenden Verstärker zu kaufen — wir wollen Sie vor Schlimmerem bewahren. Stereoanlagen haben einen Lautstärkeregler — Kinder nicht. Aber auch Kinder eignen sich zur Beschallung mehrerer Wohneinheiten. Und wenn ihnen die eigene Schallstärke nicht mehr ge-

nügt, finden Kinder schnell heraus, wie man den Lautstärkeregler der wattstarken Stereoanlage bedient.

Bevor Sie sich Kinder anschaffen, erkundigen Sie sich in Gottes Namen nach einem ruhigen Plätzchen, am besten ein Sanatorium, das Kindern den Zutritt verbietet. Sie werden es brauchen!

Kinder machen Lärm, wo sie gehen und stehen, sitzen und liegen; sie üben und trainieren ihr akustisches Organ allein und mit anderen, nützen jedweden Gegenstand häuslicher Bestimmung zur Geräuscherzeugung und haben vor allem einen absolut untrüglichen Sinn für ein effektives Timing ihrer Schallkaskaden und Geräuschattacken.

Prüfungstermine, der selige Schlaf am Sonntagmorgen, eine Tasse Tee in Ruhe, ein tiefergehendes Gespräch, jede ruhige oder gar meditative Tätigkeit geht sofort unter in einer Kakophonie ungeahnter akustischer Schrecken, die Kinder ständig um sich verbreiten.

Die Spannung eines Kriminalfilms zerrinnt unter den Worten einer hellen Kinderstimme: „Mama, ich muß Pipi!"; Kreischen und Jammern raubt Eltern über Jahre den Nachtschlaf; zusammenstürzende Bauklotzkolosse treiben psychisch an sich stabile Menschen in den frühen Wahnsinn. Nie herrscht Ruhe: Wenn die lieben Kleinen nicht gerade miteinander raufen, entgleist mit Sicherheit die elektrische Eisenbahn, birst die Scheibe des Aquariums oder es detoniert der Chemiekasten der jungen Genies.

Schon nach kurzer Zeit mit Kindern im Haus stellt sich eine tiefe Sehnsucht nach Ruhe ein, wird Ohropax im Großhandel erworben, entstehen Phantasien von den Segnungen plötzlicher Taubheit. Aber daran hat vor der Anschaffung des Kindes ja niemand gedacht. Es ist im übrigen nicht unbedingt die reine Schallenergie, die Eltern und anderen Erwachsenen die Nerven raubt.

Kinder verstehen sich darauf, hinter relativ leisen Geräuschen eine subtile Drohung vermuten zu lassen, irgendwo schwingt immer der Klang der ganz großen, alles verheerenden Katastrophe mit, wenn Kinder Geräusche erzeugen.

Kinder machen alles kaputt

Nichts geht über eine geschmackvolle, erlesene Wohnungseinrichtung. Gediegenes in Leder, Chrom, Holz und Glas weiß jeder schwer arbeitende Mensch in seiner Umgebung zu schätzen und möchte es nicht missen, kultiviert zu wohnen.
Nur — vielleicht ist es eine Mutation oder eine Art siebter Sinn — Kinder zerstören mit traumhafter Sicherheit zuerst das wertvollste, empfindlichste Stück der Einrichtung — und dann die übrigen, in der Reihenfolge ihres Wertes.

Ob Künstlerisches, technisch Ausgereiftes oder schlicht Wohnliches, alles, alles, alles fällt ihren Klauen zum Opfer. Da hilft kein territoriales Eingrenzen im Kinderzimmer; in einem unbewachten Augenblick schießt ein Kinderarm hervor, ein kurzer, geübter Killergriff — hart, endgültig und zu 100% destruktiv. Nichts mehr zu machen, aus.

Verschlossene Schränke werden zunächst in der Politur beschädigt, dann aufgebrochen oder umgeworfen; hohe Regale mit alpinistisch perfekter Technik erklommen, Elektrogeräte kurz gewässert, Schallplatten mit alternativer Sonnenenergie verformt und Meißner Porzellan mit Hilfe der Schwerkraft behandelt.
Einziges Gegenmittel: die Einrichtung aus unzerbrechlichem Vollkunststoff — oder keine Kinder.
Und noch ein wichtiger Hinweis zum Schluß: Lassen Sie sich auf gar keinen Fall von »artigen« Kindern täuschen. Eben noch still und für sich mit dem Puzzle beschäftigt, kann jedes, wirklich jedes Kind schon im nächsten Moment aus Ihrer wertvollen Bodenvase ein Puzzle machen oder die Tischplatte mittels des Bügeleisens mit einem Einbrennmuster versehen oder den Teppich mit roter Tinte neu gestalten oder eigenständige Tierversuche mit dem Tauchsieder im Aquarium durchführen oder nur einfach prüfen, ob die neuen Gardinen wirklich schwer entflammbar sind...

Kinder stellen Forderungen

Sie müssen nicht glauben, daß Kinder mit dem zufrieden sind, was ihnen gesetzlich zusteht. Keineswegs!
Sie kosten nicht nur Geld, machen Kleinholz aus allem und jedem, sie sind noch nicht einmal zufrieden mit dem, was sie geboten bekommen: Sie wollen immer mehr!
Nicht genug, daß das lustige Kinderprogramm im Fernsehen in Farbe und Stereoton ins Wohnzimmer kommt, Ihre Tochter will mit Ihnen in den Park!
Nicht genug, daß ein Tretauto mit 10-Gang-Schaltung und 12-Kanal-CB-Funk vor dem Hause steht, Ihr Sohn will mit Ihnen Ball spielen!
Nicht genug, daß Sie die Reise nach Isniwotuwatta ge-

bucht haben, Ihre Kinder wollen unbedingt Quiecksi, das Meerschweinchen, mitschleppen, und außerdem wollen Sie lieber zur Oma ins Sauerland.
Da soll man nicht verzweifeln! Da soll man nicht zum Kinderhasser werden!

Wohnen mit Kindern

Kinder sind die kleinsten Bewohner einer Wohnung — nur gerecht, daß sie auch das kleinste Zimmer bekommen. Ein Kind braucht etwa einen Viertelquadratmeter Standfläche, wenn es aufrecht steht, und etwa einen halben Quadratmeter, wenn es liegt. In einem 12-m²-Raum können also etwa 48 stehende Kinder oder 24 liegende Kinder, bei geschickter Doppelbettechnik sogar 48 liegende Kinder untergebracht werden. Da solche Zahlen von einer Familie schon aus biologischen Gründen nicht erreicht werden können, müssen die Kinderzimmer von modernen Wohnungen als völlig ausreichend, ja weitläufig und absolut unterbelegt gelten. Was sind schon zwei bis vier Kinder in diesen Sälen?
Nur — Kinder sehen das nicht ein. Sie sind, was Wohnen betrifft, wahre Imperialisten. Den Konquistadoren gleich, erobern sie Wohnraum um Wohnraum, verbreiten Zerstörung, Chaos und Durcheinander — eine Guerillataktik des verbrannten Teppichbodens.
Erzieherische Eingrenzung (»Das ist dein Zimmer, dies ist unser Zimmer!«) wirkt nur kurz. Im Spiel wird wenig später jeder Raum genommen. Spielzeuge und Kleidungsstücke zeigen die territorialen Verhältnisse. Bauklötze im Ehebett bedeuten: Dieses Bett ist besetzt. Puzzleteile im Früchtequark: Ich bin mal gerade raus, was kaputtmachen, nachher esse ich weiter. Lustige Aufkleber auf dem Plattenspieler: Dieses Gerät darf nur zum Abspielen von Märchenplatten verwendet

werden (weil es für andere eh nicht mehr brauchbar ist). Klebrige Kinderfinger auf dem Bildschirm wollen uns mitteilen: Pumuckl was here! Alle Medien den Kindern! Socken in der Kloschüssel, Kinderjeans in der Kartoffelkiste, das Kettcar auf der Polstergarnitur sagen uns: Wir, die Kinder, haben die Wohnung fest im Griff. Einzig und allein eine stabile Safetür vor dem Wohnbereich der Erwachsenen könnte Abhilfe schaffen — bis die Eltern in einer Phase emotionaler Aufwallung (natürlich von den Kindern gesteuert!) auch diese Bastion aufgeben und die Kombination verraten.

Kinder im Auto

Moderne Kraftfahrzeuge bieten Platz für vier bis fünf erwachsene Personen. Sehr oft aber ist schon ein Kind im Auto zuviel. Die Lebensqualität, die das Auto bietet, wissen Kinder kaum zu schätzen. Statt das zügige Dahingleiten auf der Autobahn zu genießen, wollen sie mit

dem Schaltknüppel das Benzin umrühren. Statt sich wohlig in den Fauteuils zu räkeln, greifen sie dem Fahrer an die Nase, ins Lenkrad oder sonstwohin. Sie treiben Sexspiele auf der hinteren Ablage oder füttern den Kassettenrecorder mit Kartoffelchips. Bei Tankstopps gießen sie, nur einen Moment unbeobachtet, Kakao in den Ölstutzen oder füllen die Reifen mit 5,8 atü.
Kaum ist man länger als eine halbe Stunde unterwegs, beginnen sie zu quengeln, müssen ständig mal oder fallen bei der leisesten Vollbremsung schlafend vom Sitz. Wer die vorgeschriebenen Sicherheitsgurte anlegt, ist den Untaten der lieben Kleinen erst recht hilflos ausgeliefert: Ehe man sich losgeschnallt hat, ist der Rücksitz längst aufgeschlitzt oder die Membran des neuen Lautsprechers (»Autopower 6000 GTI«) längst eingedrückt. Technische Hilfsmittel gegen Kinder wie Kindersitze oder durch Kindersicherungen verschlossene Türen führen nur zu einer Eskalation der Lage. Im Kindersitz gefesselt, beginnen sie ein solches Geschrei, daß man seinen eigenen Verkehrsfunk nicht mehr versteht. Und wenn Kinder entdecken sollten, daß die hinteren Türen von innen nicht zu öffnen sind, springen sie garantiert aus dem Fenster.
Man könnte annehmen, daß Kinder das Autofahren hassen. Keineswegs, Gott bewahre! Sie verstehen es nur, Ihr geliebtes Fahrzeug so geschickt zu **miß**brauchen, daß es bald unbrauchbar wird. Nein, Kinder finden Autos sogar reizvoll! Die vielen Knöpfe und Schalter zum Beispiel. Wundern Sie sich nicht, wenn Ihre Hupe einen Sirenenton von sich gibt, sobald sie den Scheibenwischer einschalten. Kinder verstehen es, durch geschickte Kombinatorik die Funktionen der einzelnen Schalter miteinander zu verbinden.
Und: Lassen Sie Kinder im Auto niemals allein! Sie sehen sie und (was uns Kinderhassern ja wichtiger ist) Ih-

ren Wagen nie wieder! Schon ab dem vierten Lebensjahr schließen Kinder heute jedes Fahrzeug kurz (oder ruinieren zumindest die Elektrik). Und sie fahren wie der Teufel. Kaum eine Autobahnstreife kann sie je stoppen. Da der Transport von Kindern im Kofferraum (wo sie eigentlich hingehörten) ja untersagt ist und den modernen Kompaktwagen häufig ein solcher fehlt, ist es zum Beispiel bei längeren Urlaubsreisen üblich, Kinder auf den hinteren Sitzen so zwischen Gepäck einzukeilen, daß sie nicht mehr piep sagen können. Dann haben Sie zwar während der Fahrt Ihre Ruhe, müssen aber damit rechnen, daß gewisse kleine und große Geschäfte der sonst hilflosen Bande Ihre wertvollen Polster beschädigen könnten. Also: Vorher mit Plastikfolie abdecken, besonders wenn Sie Hamburg — Mailand nonstop runterreißen wollen.

Unterhalten Sie die hinten ruhiggestellten Kinder mit Ihrem Gesang (»So ein Tag, so wunderschön...«), oder beschäftigen Sie sich und Ihren Nachwuchs mit dem Verzehr von Süßigkeiten und Limonaden. Allerdings müssen die Kinder auf dem Rücksitz dazu die Arme bewegen können, was wieder gewisse Gefahren mit sich bringt.

Der empfehlenswerteste Weg, sich vor kindlichem Tatendrang im Pkw zu schützen: Fahren Sie mit der Bahn. Und schicken Sie Ihre Kinder ins Nachbarabteil...

Die Besten Methoden, Kinder Zeitweilig Loszuwerden

Eines der drängendsten Probleme für Kinderhasser dürfte es sein, sich Kinder möglichst langfristig und ohne großen Energieaufwand vom Halse zu halten. Neben den brachialen Methoden ungehobelter Bruto-Hasser, über die Sie sich in jeder Tageszeitung informieren können, gibt es eine Reihe verfeinerter Verfahren, die wir Ihnen hier empfehlen wollen. Sie sind zum Teil für Kinderhasser mit eigenen Kindern entwickelt worden, aber auch gegen fremde Kinder einzusetzen.

Vielleicht gelingt es uns, Ihr Kinderhaß-Repertoire um einige Varianten zu erweitern.

Die Kindergartenmethode

Eltern mit Kindern zwischen 2 und 5 Jahren steht die großartige Möglichkeit offen, ihre Sprößlinge für mehrere Stunden des Tages in einem öffentlichen oder kirchlichen Kindergarten unterzubringen, was sie zwar einiges Geld kostet, sie jedoch für einen bedeutenden Zeitraum von den lästigen Plagegeistern befreit.

Allerdings sollten sich Eltern über die Zustände in Kindergärten kein falsches Bild machen. Je nach Ausbildungsstand des Personals und Zusammensetzung der kindlichen Insassen kann es sich bei einem Kindergarten um eine frühe Form der Besserungsanstalt mit erziehlichem Anspruch, aber auch um eine Kaderschmiede kindlicher Boshaftigkeit und Gerissenheit handeln. Obwohl sicherlich kein Elternpaar nervlich und finanziell in der Lage sein wird, die eigenen Kinder **nicht** in den Kindergarten zu schicken, weil die Schäden, die ein Kind in den Morgenstunden anrichten kann und wird, anders nicht zu vermeiden sind, sollten die Eltern wissen, was in Kindergärten geschieht und mit welchen Folgen für die Auseinandersetzung mit ihrem Kind sie zu rechnen haben.

Zunächst vorweg: Fälle, in denen Kindergärtnerinnen von wütenden Kindern zerrissen werden, sind unseres Wissens bisher nur sehr selten vorgekommen. Dennoch sind die Boshaftigkeiten und Widerspenstigkeiten, mit denen Kinder das Personal eines Kindergartens quälen, ohne Zahl.

— Nur selten wollen Kinder einsehen, daß Kindergärtnerinnen eine großartige Ausbildung genossen haben, und deshalb genau wissen, was Kinder wollen. Immer wieder soll es vorkommen, daß Kinder sich weigern, z. B. ein Haus mit Garten und Sonnenblume zu malen, obwohl dies nach dem Wissensstand der Pflegerinnen gut für sie ist.

— Schon häufiger soll es geschehen sein, daß Kinder die ihnen angebotenen Beschäftigungsmittel zu Wurf- und Zielübungen mißbraucht haben.

— Nicht selten kommt es zu motorischen Ausbrüchen der einsitzenden Kinder, durch die u. U. der Ablauf ritueller Sanges- und Tanzübungen gestört wird.

Kinder, die in den drei genannten Arten oder ähnlich auffällig geworden sind, nennt man **sozial gestört**. Diese Störung wird in der Personalakte des jeweiligen Kindes vermerkt und an weitere Erziehungspersonen oft lebenslang weitergegeben.

Noch ein wichtiger Hinweis:
Da auch Kindergarten-Kinder in ihrer Freizeit häufig Zu-

gang zum Videorecorder haben, müssen Sie damit rechnen, daß Ihr Kind z. B. asiatische Kampfsportarten von seinen kindlichen Komplizen vermittelt bekommt. Also Vorsicht, Kinder lernen schnell! Öffnen Sie die Wohnungstür und nehmen Sie Abwehrstellung ein, damit Sie sich wehren können, wenn Ihr Kind aus dem Kinderhort kommt.
Und:
Wenn Ihr Kind erst einmal 6 Jahre alt ist, beginnen rosige Zeiten: Von 8.00 Uhr bis 13.00 Uhr ist Ihr Kind in der Schule! Sogar die Möglichkeit einer Ganztagsschule steht Ihnen offen!

Der Verwandtenbesuch

Diese Methode, sich seiner Kinder für einen bedeutenden Zeitraum zu entledigen, hat einen leicht ersichtlichen Vorteil: Nicht nur, daß himmlische Ruhe in die eigenen vier Wände einkehrt, auch kann ein mißliebiger Verwandter durch den Besuch der lieben Kleinen empfindlich und nachhaltig getroffen werden. Damit halten Sie ein Machtmittel in Händen, mit dessen Hilfe Sie selbst den widerlichsten Auseinandersetzungen einer Familie Ewing oder des Denver-Clans gewachsen wären.
Bedroht Sie Ihr Erbonkel mit einer Testamentsänderung, genügt oft schon ein kurzer Besuch Ihres Sprößlings, und Onkel setzt Sie zum Alleinerben ein, wenn Sie nur Ihr Kind wieder zu sich nehmen.
In anderen Fällen allerdings ist der eintretende Schaden materieller und seelischer Art oft so groß, daß der Betroffene nur eins will: den Balg aus seiner Nähe weghaben! In einem solchen Falle haben Sie mit zu starken Mitteln gearbeitet, die Abschreckungstaktik greift nicht mehr, eine verwandtschaftliche Eskalation ist

nicht mehr zu vermeiden — wieder ein Platz, an dem Sie Ihr Kind nie mehr werden abstellen können. Wenn Sie allerdings eine große Verwandtschaft haben, wird Ihr Kind unter den Augen von Onkeln und Tanten aufwachsen, und Sie werden sich vielleicht erst wieder um Ihr Kind kümmern müssen, wenn es der letzte in der Reihe der Geschädigten wieder an die Luft setzt... Dann allerdings hat möglicherweise der erste der Beglückten den ihm entstandenen Schaden wieder vergessen...

Sollten Sie selbst einmal in die unglückliche Lage kommen, einer der besuchten Verwandten zu sein, wenden Sie eine andere der hier beschriebenen Vorgehensweisen an, um den Besuch wieder loszuwerden.

Auf den Spielplatz mit den lieben Kleinen!

Die Anlage von Spielplätzen und ihre Ausstattung mit Geräten läßt darauf schließen, daß der Gedanke des Kinderhasses den dafür Verantwortlichen nicht fremd ist. Öde Wüsten aus Sand, der zudem noch von allen Hunden der Umgebung gern genutzt wird, meist zwischen Hauptverkehrsstraßen gelegen, ausgestattet mit undurchschaubaren Gebilden aus Stahlrohr, sind immer noch der Regelfall eines Spielplatzes.

Merkwürdigerweise gelingt es Kindern dennoch, sich über mehrere Stunden auf einem Spielplatz aufzuhalten und zu beschäftigen. Daß sie dabei kaum die angebotenen Spielmöglichkeiten nutzen, sondern in der Regel Subversives und moralisch Verwerfliches treiben, liegt auf der Hand.

In hohem Maße gefährlich (für die Eltern) sind die sogenannten Abenteuerspielplätze, bieten sie doch jedwede Trainingsmöglichkeit für alle Techniken der Guerillataktik. Machen Sie sich allerdings keine Hoffnungen, Ihr Kind könnte an gefährlichen Spielgeräten wie Blockhütte, Hängebrücke oder Laufrolle zu Schaden kommen und Ihnen für längere Zeit erspart bleiben. Kinder sind beängstigend geschickt.

Zusammenfassend läßt sich sagen: Eltern nehmen die Nachteile und Gesundheitsgefährdungen (ihrer eigenen Gesundheit) durch Spielplätze gern in Kauf, sichern sie ihnen doch Ruhe für ganze Nachmittage, u. U. bis in den späten Abend. Daß Spielplätze Schulen kindlicher Kriminalität sind, kann nur als Vorteil angesehen werden: Kinder, die in ihrer Bande engagiert sind, stören zu Hause nicht. Und warum sollte die Bande Ihres Kindes gerade bei Ihnen einbrechen...?

Die medikamentöse Methode

All unseren pädagogischen Bemühungen entgegen verhalten sich Kinder immer wieder unangepaßt und störend. Besonders ihr geradezu unglaublich ausgeprägter motorischer Trieb läßt sich in keiner Weise mit dem normalen menschlichen Alltag in Einklang bringen.

Wo die kindliche Natur versagt, müssen wir also dem Kind zur Hilfe eilen und es mit medizinischen Mitteln an normale menschliche Bedürfnisse anpassen. Glücklicherweise steht uns dazu eine Vielzahl hochwirksamer Präparate zur Verfügung. Auch viele Hausärzte hassen kindliche Überregsamkeit zutiefst und stehen unserer Sache gern mit gezücktem Rezeptblock zur Seite.

In Frage kommt in der Hauptsache ein Medikamententyp.

Sogenannte **Tranquilizer** helfen bei folgenden Symptomen: Unruhe im Kinderzimmer oder im Hausflur, Über-

erregbarkeit während des Freitagskrimis, ständig störende Fragen während des Skatabends, unmotiviertes Geschrei in der Nacht. Kinder, die sich unter dem Einfluß des Mittels extrem ruhig oder fast apathisch verhalten, fügen sich vor dem Fernseher am besten in das Gesamtbild der Inneneinrichtung ein.

Hin und wieder kommt es vor, daß Tranquilizer nicht oder nur unzureichend wirken. In einigen Fällen trat sogar eine Wirkungsumkehrung mit erhöhter Aktivität auf. Sollte Ihr Kind in der beschriebenen Weise reagieren, steht Ihnen noch ein weiterer Weg offen: Nehmen Sie die genannten Präparate selbst.

Sollten Sie prinzipiell gegen die Einnahme von Medikamenten eingestellt sein: Lassen Sie einfach die Hausbar offen. Wie die statistischen Daten belegen (rund 6000 Kinder sind wegen regelmäßigen Alkoholgenusses in ärztlicher Behandlung), ist auch das ein beliebter Weg, sich von den Folgen kindlicher Unruhe zu befreien.

Hinweis: Die genannten Hilfsmittel eignen sich nicht nur für den häuslichen Bereich. Auch der Lehrer Ihrer Kinder weiß Ruhe während seiner harten Arbeit zu schätzen. Jedes sechste Kind geht, wie das Deutsche Kinderhilfswerk festgestellt hat, unter Tabletteneinfluß in die Schule.

Die Video-Methode

Kinder vor dem Videorecorder sind ein äußerst problematisch zu bewertender Sachverhalt. Es gibt eine ganze Reihe hochgradig schädlicher Einflüsse, vor denen die Eltern das Liebste, was sie auf der Welt besitzen, abschirmen müssen. Schließlich will ja kein vernünftiger Mensch, daß ein so wertvolles und unterhaltsames Gerät wie der Videorecorder durch Kinderhand zu Schaden kommt.

Wenn allerdings sichergestellt ist, daß weder Schokoladenfinger noch mechanische Einwirkung durch Kinderhand das Gerät erreichen können, ist ein Videorecorder der Idealpartner einer nervenschonenden Beschäftigung für Kinder.
Videokassetten mit bis zu acht Stunden Spieldauer sind unterdessen für ein paar Mark an jeder Straßenecke erhältlich. Was Sie an Programm erwerben oder auf Leerkassetten aufzeichnen wollen, ist Ihnen freigestellt. Hauptsache, es ist bunt und es ist Action auf dem Bildschirm.

Einzig vor Horror-Videos möchten wir Sie dringend warnen. Alles, was Ihr Kind auf dem Bildschirm sieht, könnte irgendwann einmal gegen Sie verwandt werden...

Noch dringender müssen wir vor der Darbietung pornographischer Programme warnen. Ihr Kindersegen könnte frühzeitig zum Enkelkindersegen werden, und, wir erinnern uns, wir hatten den Videorecorder ja einsetzen wollen, um Kinder zumindest für eine Weile **loszuwerden**... Und die Kinder werden ja heutzutage immer frühreifer.

Die Geh-und-spiel-in-deinem-Zimmer-Methode

Der Grundriß moderner Wohnungen sieht heute (wie schon im Kapitel »Wohnen mit Kindern« erwähnt) ausreichend große Räume für Kinder vor. Zwar ist die Tür dieses Raumes auch in verschlossenem Zustand nur eine begrenzte Zeit dem Ansturm aufsässiger Kinder gewachsen, aber durch pädagogische Bemühungen können Sie erreichen, daß Ihre Kinder freiwillig und ohne aufzumucken für einen bedeutenden Zeitraum freiwillig in dieser Zelle einsitzen.
Sehr beliebt ist zum Beispiel, Süßigkeiten nur innerhalb dieser Kinderzelle zu verfüttern. Auch mit billigem Spielzeug, z. B. aus Plastik, beschäftigen sich Kinder recht lange still. Eigentlich erstaunlich, wie anspruchslos und stupide Kinder reagieren, wo doch auch mal intelligente Erwachsene aus ihnen werden könnten. Bitte belegen Sie die Kinderzellen nicht mit mehr als 14 Kindern pro Quadratmeter und erlauben Sie nicht, daß Haustiere mit in das Behältnis genommen werden. Sie könnten zu Schaden kommen, es ist ja ein wenig eng. Und das wollen wir doch nicht, oder?

Die Kalorienmethode

Im Grunde eine ganz einfache Sache: Wer ißt, ist friedlich gestimmt. Wer kaut, schreit nicht. Wer satt ist, ist meist auch zufrieden.
So mancher Dompteur wirft seinen Raubkatzen ein paar Stücke Fleisch vor, wenn er sie gnädig stimmen will, und in ähnlicher Weise können wir Kinderhasser uns die Plagegeister eine Weile vom Leibe halten. Wie verbreitet die Methode ist, sich mit Nahrungsmitteln Ruhe

zu verschaffen, zeigt allein schon der Sachverhalt, daß eine ganze Industrie nichts anderes tut, als Nahrungs- und Genußmittel zu eben diesem Zweck herzustellen.
Schokoriegel, Dauerlutscher, Eis am Stiel, süße Limonadengetränke, Pommes frites für die eher herzhafte Geschmacksrichtung, Chips in unergründlichen Geschmacksvarianten von Räucherschinken bis Tomatenpaprika, Honigplops und vollsynthetische Crisps und Fripps, Waffeln und Kekse in jeder Form und Farbe können sie an jeder Straßenecke kaufen.
Eine gewisse Kostenbelastung dürfen Sie bei dieser Vorgehensweise nicht scheuen, da Kinder oft unglaubliche Mengen hochkalorischer minderwertiger Lebensmittel verzehren können, und das auch noch, ohne offensichtlichen Schaden zu nehmen.
Mit einem gewissen Vorrat im Haus kann es Ihnen u. U. gelingen, Kinder gerade in besonderen Momenten der Anspannung ruhigzustellen, besonders wenn Sie die unterdessen immer häufiger angebotenen Riesenfamilienpackungen (eine Packung pro Kind) verfüttern.
Ein anderer erfolgreicher Weg, sich eine Weile Ruhe zu verschaffen, ist es auch, die Kinder selbst mit dem Erwerb der Nahrungsmittel zu beauftragen und sie mehrfach mit geringen Geldbeträgen zum Kiosk zu schicken. Den Nachteil, daß Ihre Kinder durch eine gewisse nicht zu vermeidende Überernährung fettleibig werden, nehmen Sie sicher (wie viele andere Eltern auch) gern in Kauf.
Sollte unser Vorschlag in Ihrem konkreten Fall nicht greifen, weil Ihre Kinder zwar alles in sich hineinstopfen, aber dennoch randalieren und quengeln: Nur nicht verzweifeln. Essen Sie hin und wieder einen kleinen Happen extra. Das beruhigt ungemein. Es ist ja auch immer etwas im Haus.

Die Zoologische-Garten-Methode

In jeder bundesdeutschen Großstadt gibt es unterdessen einen Zoologischen Garten. Sollten Ihnen Ihre Kinder auch sonst nicht folgen, in den Zoo gehen sie sicher gern mit Ihnen, und alles weitere ist ein Kinderspiel. Halten Sie sich einfach für längere Zeit beim Affenkäfig auf. So, wie Ihre Kinder erzogen sind, werden sie sicher über kurz oder lang den Graben überqueren und sich in die Affenherde integrieren — bei der Wärme und Geborgenheit in so einer Affenfamilie vielleicht sogar ein Gewinn für Ihren Nachwuchs. Sie finden also Ihre Ruhe wieder, ohne daß Ihre Kinder die für ihre Erziehung so wichtigen Familienbande missen müssen. Und die lieben Kleinen lernen alles, was sie im Großstadtdschungel wissen müssen. Sollten Ihre Kinder allerdings nicht im Gehege bleiben wollen, ist vor der Rückkehr nach Hause eine wichtige Sicherheitsmaßnahme geboten: Nachzählen, sonst ist Ihr Anhang plötzlich größer als vorher. Besonders stark behaarte Kinder unbedingt auf Familienzugehörigkeit prüfen!

Die Müllmethode

Was man nicht mehr braucht, kommt heute in den Müll. Sicher werden Sie sich bei der Anschaffung Ihrer Kinder nicht die nötigen Gedanken gemacht haben; vielleicht haben Sie sich auch im Modell vergriffen oder eine Ausstattungsvariante gewählt, die nicht recht zur Gesamtkonzeption Ihrer Einrichtung passen will.
Genieren Sie sich nicht: Andere schmeißen auch einfach weg, was sie nicht mehr brauchen können, ob's nun radioaktiv, giftig oder wertvolles Kulturgut ist. Auf den Müll oder Sperrmüll damit! Nur keine Sentimentalität! Sicher kommt irgendein Verrückter und recycled

Ihren Sprößling..., er kennt ihn ja nicht! Wenn Ihre Mülltonne zu klein ist, weil Sie mehrere Kinder überflüssig finden: Gedulden Sie sich, es wird ein- bis zweimal wöchentlich geleert.

Und auf Bestellung stellt Ihnen Ihre Stadtverwaltung sicher auch eine Großraum-Mülltonne zur Verfügung, eins von diesen schicken Modellen aus PVC mit der Aufschrift: Bitte keine heiße Asche einfüllen.

Die Medien-Karriere-Methode

Fördern Sie jedwede kreative Regung Ihres Kindes, besonders in Gebieten, in denen ihm jede Begabung fehlt. Ob es nun Tanz, Gesang, instrumentale Musik, Alleinunterhaltung oder Schauspielerei ist. Je abseitiger die Stimme klingt, je zuckender es sich bewegt, je herz-

zerreißender die Töne sind, die aus einem Instrument kommen, je aufgetragener es seine Rollen spielt, je platter die Witze sind, die es vorträgt: desto größer sind die Chancen Ihres Kindes für eine Medienkarriere.
Wo liegt der Gewinn für Sie? Denken Sie nur an Rundreisen und Tourneen, Interview-Dates und Studiotermine. Ihr Kind ist mit Sicherheit so gut wie nie zu Hause! Und wenn sie es geschickt anstellen und sich als Manager oder Agent ein paar Prozentchen im Vertrag sichern, kommen die fetten Jahre. Also: Aufgepaßt, wenn Ihr Kind plärrt, quäkt, unmotiviert grinst, herumhüpft wie ein irres Huhn, ein Musikinstrument mißbraucht!

Die Datenverarbeitungs-Methode

Über die Existenz oder Nichtexistenz von Menschen entscheidet heute der Computer. Wer nicht gespeichert ist, den gibt es nicht.
Also: Verschaffen Sie sich Zugang zum Datenspeicher Ihres örtlichen Einwohnermeldeamtes und löschen Sie Ihr Kind. Sollte Ihnen das gelingen, können Sie getrost davon ausgehen, daß Ihr Kind nicht mehr existiert.
Oder noch besser: Löschen Sie sich selbst!
Ohne Vater und Mutter kann es Sohn oder Tochter ja gar nicht geben!
An die große Glocke hängen sollten Sie Ihren kleinen Eingriff in die elektronische Wirklichkeit allerdings nicht. Bedenken Sie: Kinder sind Ihren Eltern in Computerfragen heutzutage weit voraus. Wecken Sie nur keine schlafenden Bits! Was, wenn Ihr Kind auf die Idee kommt, sich per Computer neue Eltern zu suchen, die reicher, intelligenter, smarter sind als Sie? Oder einfach Eltern zu Kindern und Kinder zu Eltern macht? Nicht auszudenken!

Hier finden Sie noch einige besonders effektive Methoden, Kinder loszuwerden, die keiner weiteren textlichen Erläuterung bedürfen:

A Die Paket-in-die-Ostzone-Methode...
B die Balkanurlaub-Methode...
C die Weiße-Hai-Methode...
D die El-Condor-Pasa-Methode...
E die Silvester-Methode...

Schutzmassnahmen Gegen Kinder

Nicht nur Eltern sind heute dem oft mutwilligen und nervenaufreibenden Treiben von Kindern hilflos ausgeliefert. Ohne Gnade stören Kinder den geruhsamen Alltag der Erwachsenen und hinterlassen Angst und Schrecken, Streß und schlechte Laune. In Momenten, die jedem erwachsenen Menschen wert und teuer sind, brechen Kinder in die kleine Welt der oft wehrlosen Eltern ein und gefährden ihr seelisches Gleichgewicht in existenzbedrohender Weise; ein Beispiel für viele: die »Tatort«-Ausstrahlung. Hier ein Blick in das Heim der Familie K. in M.:
Gerade hat Herr K., die Bierdose in der Hand, den Fernsehsessel hydraulisch in die »Relax«-Stellung schwingen lassen und der Mörder auf dem Bildschirm wetzt das Edelstahlmesser (mit etwa 25 Jahren Garantie auf Schaft und Klinge, Laser-gehärtet), da kommt der Sohn der Familie aus dem Schlafraum und muß mal!
Herr K. läßt den Fernsehsessel in die »Attention«-Stellung schwingen, gibt über Inter-Com die Störung seiner Ruhe an die Gattin weiter, die gerade im Ernährungszentrum ein tiefgefrorenes Montana-Fried-Chicken mikrowellenbestrahlt. Die bringt den Mikrowellenherd in »Stand by«-Position und führt ihren Sohn ins Entsorgungszentrum (früher WC). Dort klemmt aber der Urinator, und der Gatte erhält über Inter-Com die Mitteilung, daß im Entsorgungszentrum seine fachliche

Qualifikation (er ist Hausgeräte-Programmierer) gewünscht wird. Eben holt auf dem Großbildschirm der Killer zum entscheidenden Stoß aus, Herr K. will das Videozentrum auf »Stand by« schalten, gibt aber, weil er das falsche Tastenfeld betätigt, seinem Fernsehsessel den Befehl »Stand up« — der schnellt in die Senkrechte, und Herr K. schlägt völlig überrascht der Länge nach auf der vollsynthetischen Auslegeware auf. Frau K. hört einen dumpfen Schlag, will über Inter-Com nach dem Befinden des Gatten fragen, erwischt aber versehentlich das Steuergerät des Mikrowellen-Cookers und drückt auf »Hyper-Quick«. Innerhalb von Sekunden verwandelt sich das Montana-Fried-Chicken in eine brodelnde Masse. Herr K. hört es in der Küche zischen, rappelt sich auf, will das Kontroll-Interface einschalten, erwischt aber den Auswurfhebel des Bierdosen-Spenders und wird von einer Batterie Bierdosen begraben. Der Killer auf dem Bildschirm ist bereits eingelocht, und der Sohn des Hauses hat in die Hose gemacht.
Die Bilanz: ein schwer blessierter Ehemann, ein ruiniertes Delikateß-Geflügel, ein versäumter Fernseh-Mord und eine feuchte Hose. Und wer ist die Ursache dieses chaotischen Abends, frage ich Sie?
Schutzmaßnahmen gegen Kinder sind also unbedingt angebracht, in unserem Fall hätte der kleine Sohn der Familie K. still und für sich in die Hose gemacht, wenn seine Eltern über geeignete Befestigungsanlagen für ihren Wohnbereich gesorgt hätten.
Mit Hilfe einiger einfacher und kostengünstiger Vorrichtungen können Eltern und andere Erwachsene sich nämlich vor dem unbefugten Zutritt von Kindern schützen.

Die Dauerlutscher-Falle

Direkt neben der Tür der Wohnung oder des zu schützenden Wohnraums plaziert, hält sie Kinder sicher fern. Ein Dauerlutscher wird so in einer überdimensionalen Mausefalle plaziert, daß ihm kein Kind widerstehen kann. Sollten Sie gerade keine überdimensionale Mausefalle griffbereit haben, können Sie dem Kind auch einfach einen Dauerlutscher schenken, wenn es von einem Besuch bei Ihnen Abstand nimmt.

Die Etagen-Klappe

Anwendbar gegen Nachbarskinder unter ihrer Wohnung. Die Fußmatte wird mit einem Klappmechanismus versehen, den Sie von innen — nach einem Blick durch den Türspion — betätigen können. Der unerwünschte Besucher, meist ein Kind, findet sich eine Etage tiefer wieder.

Wenn die Kinder bereits in Ihrer Wohnung sind, verwenden Sie besser die

Kinder-Schleuder,

eine sinnreiche Abwandlung des in Düsenjets der Bundeswehr verwendeten Schleudersitzes. Mit einiger Übung schleudern Sie eingedrungene Kinder in die elterliche Wohnung zurück. Aus humanitären Gründen wird das Kind mit einem Fallschirm ausgestattet, bevor es abgeschleudert wird.

Vorsicht, manche Kinder finden Gefallen am Geschleudert-Werden und kommen immer wieder zu Ihnen zurück!

Die Labyrinth-Falle

hat ein klassisches Vorbild. Für Bauherren geeignet, gleich bei der Bauplanung berücksichtigen.

Mit geringen Hilfsmitteln läßt sich Ihr Hund zum stilechten Ungeheuer (Minotaurus) umrüsten, was die kinderabschreckende Wirkung erhöht. Allerdings müssen Sie sich den Bauplan perfekt einprägen, da Sie sonst selbst nicht in Ihr Haus finden.
Ein Vorteil des Labyrinths: Es wirkt auch gegen Vertreter, Gerichtsvollzieher, unerwünschten Verwandtenbesuch.

Der Schwarze Mann

Sollten Ihnen die oben genannten Schutzmaßnahmen zu aufwendig sein oder Ihre Möglichkeiten übersteigen, genügt auch etwas Ruß, den Sie in Ihrem Gesicht verreiben. Rennen Sie schreiend und tobend auf die Kinder zu, die Ihren Wohnbereich betreten wollen. Eine Schutzmaßnahme also auch für mittellose Kinderhasser. Allerdings werden sich ihre Nachbarn fragen, ob Sie noch alle Tassen im Schrank haben.

Die Fliegenleim-Methode

Sonst in der Insektenbekämpfung üblich, aber auch gegen Kinder wirksam.
Nehmen Sie ein Bettuch und tränken Sie es mit ausreichend Honig. Im Treppenhaus angebracht, wirkt es magisch anziehend auf — Fliegen, Bienen und Wespen —, aber ein paar Kinder fangen Sie vielleicht auch ab, bevor Sie Ihre Wohnung erreichen. Die meisten Kinder allerdings durchschauen diese eher simple Methode, und es soll auch schon vorgekommen sein, daß Erwachsene mit den eigenen Waffen geschlagen wurden.

My Home is my Castle

Sicherungseinrichtungen in der Art mittelalterlicher Befestigungsbauten bewähren sich großartig, um sich Kinder vom Hals zu halten. Eine Zugbrücke mit Wassergraben vor dem Elternschlafzimmer sichert die Nachtruhe, Mauerzinnen und Pechnasen schützen den Hobbyraum vor kindlichem Zugriff. Allerdings nur bis zum schulpflichtigen Alter — im Geschichtsunterricht lernen die Kinder alles, was sie zur Erstürmung Ihrer Festung brauchen. Rechnen Sie schon ab dem 4. Schuljahr mit Rammböcken und Sturmleitern. Aber bis dahin hilft's — immerhin. Und setzen Sie sich mit uns für eine Änderung des Lehrplans ein.

Aus Der Geschichte Des Kinderhasses

Der Kinderhasser heutiger Tage ist kultiviert und in der Wahl seiner Mittel von einer hohen Moral bestimmt. Vor groben Verfahren oder gar der Anwendung physischer Gewalt schreckt er zurück (oder?).
Ganz anders die Kinderhasser früherer Zeiten. Aus dem Nebel der Geschichte tauchen Bilder vor uns auf, wie sie heute nicht mehr denkbar sind...

Der Fall Moses

Wie die Hintergründe dieses biblischen Falles von Kinderhaß tatsächlich waren, ist heute nicht mehr mit Sicherheit festzustellen. Kinderhasser unter den Historikern vermuten, daß die Eltern des quengelnden und schreienden Kleinkindes Moses die Drohung des ägyptischen Herrscherhauses gegen alle Kinder des Volkes Israel zum willkommenen Anlaß nahmen, ihren lästigen Sohn schnurstracks in einem Schilfboot auf den Nil zu setzen und besseren kinderlosen Zeiten entgegenzusehen. Daß sie ihm damit das Leben retten und seine großartige Karriere als Prophet in die Wege leiten würden, konnten sie natürlich nicht ahnen.
Was für ein Racker der kleine Moses war, zeigte sich schon kurz nach seiner Auffindung durch die Tochter des Hauses Pharao. Ohne Vorwarnung biß Klein-Moses

die Gattin des Herrschers in den Busen, woran sie augenblicklich verstarb...
Oder war das eine andere Geschichte?

Der Fall Kolumbus

Heute zu den großen Entdeckern gezählt, ist Christoph Kolumbus nach Meinung etlicher Experten doch nichts weiter als ein Kinderhasser, dem das Schicksal besonders übel mitgespielt hat. Durch einen unglücklichen Zufall wurde der junge und hoffnungsvolle Seekadett, dem eine große Karriere in der Marine des spanischen

Königs bevorstand, Vater eines Sohnes, der, wie so oft, seinen Lebensweg verändern sollte und Christoph Kolumbus zum Kinderhasser werden ließ. Im katholischen Spanien wurde nämlich dieses Kind sofort zum Anlaß einer Verehelichung genommen, was fatale Folgen nach sich zog: Kolumbus wurde im Laufe der Jahre Vater von nicht weniger als vierzehn Kindern.

Wenn auch dieser Tatbestand von vielen Geschichtsschreibern verschwiegen wird, um das Angedenken des Entdeckers der Neuen Welt unbefleckt zu halten: Christoph Kolumbus wurde nicht von Forscherdrang und dem rastlosen Herzen des Suchenden in die Neue Welt getrieben, sondern vom Kinderhaß. Als eines Sonntags sein jüngster Sohn Emilio die geliebte Meerschaumpfeife des Vaters in den Abort geworfen hatte und auch sonst die Methoden der katholischen Kindererziehung nicht mehr recht greifen wollten, war das Maß voll. Kolumbus schritt, Tränen in den Augen, die wohl mehr seinem Rauchgerät galten als der Familie, die er zurückließ, durch die Pforte seines Hauses in Sevilla und ward nicht mehr gesehen. »Ich entdecke mal eben einen Seeweg nach Indien!« rief er noch im Hinausgehen, griff sich seinen Seesack und sein Schiff und zog von dannen.

Die große Hoffnung des Christoph Kolumbus aber, in Indien hätten die Menschen keine Kinder, ging in doppelter Hinsicht nicht in Erfüllung: Er entdeckte nicht Indien, sondern Amerika, und die kleinen Indianer mit ihren Flitzebögen waren noch viel schlimmer als seine Kinder zu Hause. Deshalb ist er ja dann auch bald wieder nach Spanien zurückgekehrt.

Der Fall Ikarus

Dädalus, ein begabter Ingenieur und Kinderhasser der Antike, bastelte unter dem Vorwand, von einer Insel fliehen zu müssen, seinem Sohn Ikarus ein ausgesprochen zerbrechliches Fluggerät aus Federn und Bienenwachs, wohl in der Hoffnung, ihn ins Jenseits zu befördern. Zur Tarnung seiner wahren Absicht legte auch er selbst ein solches Federmonstrum an und gab vor, sich ebenfalls in die Lüfte erheben zu wollen.

Wider Erwarten funktionierte der Simpel-Segler, und ohne eine Starterlaubnis vom Tower (damals: Olymp) einzuholen, erhoben sich Vater und Sohn in die Lüfte (damals Äther) und stiegen zur Sonne (damals: Helios) empor. Schon das Scheitern seines verwerflichen, aber für Kinderhasser verständlichen Planes vor Augen, sah der verwunderte Dädalus dann aber, wie sich sein übermütiger Sohn Ikarus immer näher an den vorbeirasenden Sonnenwagen (heute: Space Shuttle) heranmachte, in die Abgase des Triebwerks geriet, worauf sich sein Fluggerät in seine Teile zerlegte, weil das alles zusammenhaltende Wachs schmolz.

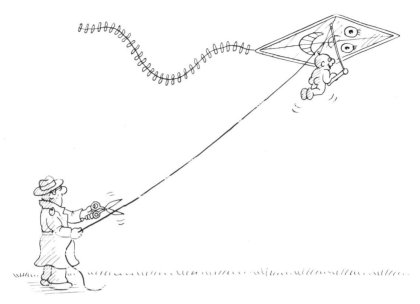

Anders als die Überlieferung häufig berichtet, war Dädalus über diese Entwicklung keineswegs gram, rieb sich voller Freude die Hände, weil sein Plan doch noch aufging, vergaß dabei mit den Flügeln zu schlagen und dotzte gegen irgendeinen griechischen Berg.

Diese erste Katastrophe der Fluggeschichte mit tragischen Folgen kann uns heute allerdings kaum noch Vorbild sein. Heutige Kinderhasser und Heimwerker werden eher Fluggeräte zuwege bringen, über die ihre Kinder sich tot**lachen**. Und außerdem schmilzt Kunstharz-Kleber nicht in der Sonne.

Der Fall Wilhelm Tell

An der Person des Landvogts Geßler scheiden sich die Geister. Sehen ihn die Kinderfreunde als üblen Tyrannen und Erzfeind des Wilhelm Tell, so ist erfahrenen Pädophoben und Kinderhassern der wahre Sachverhalt sofort klar, wenn sie die haarsträubende Geschich-

te vom Apfelschuß gehört oder gelesen haben: Logisch, Geßler und Tell stecken unter einer Decke!
Auch bisher unausgewertete Quellen aus einem Senner-Tagebuch schildern den dramatischen Ablauf anders als die Geschichtsbücher: Der junge Wilhelm Tell, ein Rackerli, wie er im Büchli steht, ist ein solcher Reißteufel und Tunichtgut, daß dem Vater die Fränkli nur so aus dem Säckli hüpfen. Deshalb tut sich der geplagte alte Tell eines Tages mit seinem Freund Geßler zusammen und plant, was der kultivierte Kinderhasser unserer Tage kaum zu denken wagt: die Ermordung seines Sohnes. Alles ist schnell besprochen und ein abgekartetes Spiel.
Am Morgen des schicksalsträchtigen Tages ißt Vater Tell wie immer sein Müsli, zieht sein Wämsli über und macht sich auf den Weg, sein Büebli zur Schule zu begleiten. Da tritt ihm der jäh aufbrausende Landvogt entgegen und will ihn — zum Schein versteht sich — zwingen, einen fürsorglich aufgebauten Hut (ein Hüetli, für die, die sich schon ein wenig an die Schweizer Mundart gewöhnt haben) zu grüssen (»Grüezi, Hüetli!«).
Die abgesprochene Schmierenkomödie läuft weiter ab. Natürli weigert sich Tell und soll zur Strafe einen Apfel/Äpfli vom Kopfe/Birnli seines Sohnes/Büebli herunterschießen.
Er ergreift — wie geplant — die Armbrust, legt mit zitternder Hand auf sein Büebli an und...
Klar, wäre jetzt alles so gelaufen wie geplant, wer hätte dem Vater diesen Versuch verübeln können, seinen Sohn und sich aus den Klauen des grausamen Vogts zu befreien. Und wer konnte es ihm verübeln, daß er, erregt wie er war, sein Ziel verfehlte und den armen Sohn... Was der Vater und sein Mordkumpan, der Landvogt, nicht wissen konnten: Noch am Abend zuvor hatte Tells unbotmäßiger Sohn mit des Vaters Armbrust

»Freischütz« gespielt und an der Visiereinrichtung herumgefummelt. So traf der Schuß das völlig unbeteiligte Äpfli. Was sollte Tell tun, als die ja in der Tat unerwartete Rettung seines Sohnes zu bejubeln und den steinigen Weg eines Nationalhelden anzutreten?
Warum der Tell denn dann seinen auch im Bösen ihm so nahen Freund Geßler kurz darauf im Hohlweg meuchlings niederstreckte (»Durch dieses hohle Gäßli muß er kommen!«), wird jetzt sicher jeder der Geschichte kundige Leser fragen wollen.
Wie es zum Streit zwischen diesen hervorragenden und radikalen Kinderhassern kommen konnte, hat eben jener Senn in seinem Diarium festgehalten:
Tell, verärgert über den so ungünstigen Hergang der so gut geplanten Tat, zudem vom Gequengel seines Sohnes (»Auch Armbrüstli haben!«) genervt, will in seiner Stammkneipe ein Pflaumenwasser oder auch zwei kübeln, wo er an der Theke seinen Freund und Landvogt Geßler trifft. »Das ging ja wohl ins Hösli, oder!?« blödelt der, von seinem Lieblingsgetränk befeuert, was Tell nicht gut verknusen kann. Ein Wort gibt das andere, und schließlich ereifert sich Geßler, Tell sei am Mißlingen des Planes schuld, und überhaupt sei der ganze miese Plan ein einziger Unsinn, weil es immer schon die Aufgabe des Landesherrn gewesen sei, mißliebige Untertanen zu beseitigen, und wo kämen wir denn hin, wenn jeder Vater seinen Sohn... und er als Landvogt... und überhaupt...
Da war er bei Tell natürlich an den Richtigen gekommen. Wie durch Zufall nämlich hatte er seine Armbrust dabei, legte flugs an und... verfehlte den Landvogt um ein Haar, weil sein Sohn mal wieder an der Visierjustierung herumgefummelt hatte.
Aber das hat Tell ja dann hinterher nachgeholt (die Sache mit dem Rütli-Schwur, Sie wissen schon).

Warum allerdings die Eidgenossen aus einer so klaren Angelegenheit des Kinderhasses einen Akt revolutionären Volksbegehrens gemacht haben, bleibt jedem Kinderhasser heutiger Tage unklar. Aber so mancher Schweizer streitet ja auch schon ab, daß Tell überhaupt existiert hat. Das Ganze sei nur von einem deutschen Literaten und Kinderhasser erfunden, der mal wieder 'nen spannenden Kinder-Thriller schreiben wollte, was ja dann wohl ins Hösli ging...

Der Fall Hänsel und Gretel

Auch hier gehen Überlieferung und historische Wirklichkeit auseinander, ergreifen doch die Chronisten (Gebrüder Grimm) völlig unverständlicherweise die Partei der Kinder. Der wahre Sachverhalt war der:
Die Seniorin Alraune G. lebte in aller Abgeschiedenheit im Wald und sammelte Kräuter und Beeren. Üble Erfahrungen mit Kindern in früheren Jahren hatten sie zu dem werden lassen, was sie war: eine arme, zurückgezogene, aber zufriedene Frau.
Am 16. Jänner des Jahres 1543 fand ihr Seelenfrieden ein jähes Ende: Zwei Kinder brachen aus dem Dickicht hervor, schnitten vor den Fenstern des Hauses furchtbare Grimassen und begannen dann die Heimstatt aus Lebkuchen, die sich die alte Frau zur Freude ihrer letzten Tage geschaffen hatte, mutwillig zu demolieren. Zu guter Letzt beschimpften sie Alraune G. auch noch als Hexe.
Die gute Frau, seit Jahren nicht mehr an den Umgang mit kindlicher Aggression gewöhnt, wollte ihre Haut retten, um die sie fürchten mußte, und versuchte, völlig unerfahren in derlei Dingen, den randalierenden Kindern eine Falle im Backofen ihres Hauses zu stellen. Sie unterschätzte die kriminelle Energie der Kinder völlig und

endete schließlich in ihrer eigenen Falle, während die Kinder das Lebenswerk der alten Dame, das Lebkuchenhaus, nach und nach auf dem Weihnachtsmarkt versilberten...

Übrigens: Etliche Sammler und Autoren von Märchen und Sagen scheinen der Sache des Kinderhasses nicht gerade gewogen zu sein. Denken Sie nur einmal an so rührselige Machwerke wie »Der kleine Däumeling« oder »Das Märchen von Einem, der auszog, das Fürchten zu lernen«. Wer da klein und hilflos war und wer da wen das Fürchten gelehrt hat, wissen wir Kinderhasser ganz genau.

Der Fall Hameln (Mehrfach-Kinderhaß)

Eine großartige Leistung des Kinderhasses vollbrachte der Kammerjäger Gernulf K., der seine aggressiven Kräfte mittels Flöte gleich gegen die Kinder der ganzen Stadt Hameln richtete. Ursache für dieses merkwürdige Geschehen war wohl eine unterbezahlte Auftragsarbeit, die der auch als Rattenfänger von Hameln bekannte Gernulf K. für die Bürger ausgeführt hatte, die ihm aber nicht recht entlohnt worden war. Da ihm die kleinen Kröten, wie er sie nannte, immer schon auf die Nerven gegangen waren, nahm K. diesen Streit zum Anlaß, zwei Fliegen mit einer Klappe zu schlagen: Er wollte sich für den entgangenen Lohn rächen, indem er die Söhne und Töchter der Stadt entführte, und zugleich die lästigen Kinder für immer loswerden.
Allerdings hatte sich der Rattenfänger dabei verrechnet: Die Kinderhasser waren unter den Bürgern der Stadt wohl in der Überzahl. Wie sonst ist es zu erklären, daß sein Zug durch die Straßen der Stadt und zum Tor hinaus unbemerkt blieb, ohne daß die Stadtwache oder wer sonst immer eingriff? Sah man da nicht hinter den Butzenscheiben grinsende Gesichter?

Der Fall Tick, Trick und Track
(Kinderhaß im Comic)

Unter welchen Aspekten Walt Disneys Comics schon analysiert wurden, wissen Sie selbst. Gustav Gansens Zugehörigkeit zum CIA, Donalds ewige Versagerrolle, das alles ist Ihnen sicher geläufig. Wo allerdings die Eltern von Tick, Trick und Track stecken, war bisher unbekannt. Daß sie uneheliche Kinder Donalds und Daisy

Ducks seien, ist nur ein Gerücht. Die Wahrheit liegt anderswo, wie Sie sich als erfahrener Kinderhasser denken können.
Sicher haben Sie das Kapitel über die Möglichkeiten, Kinder loszuwerden, genauestens studiert; besonders der Teil »Der Verwandtenbesuch« ist hier aufschlußreich. Donald Duck nämlich ist in doppelter Hinsicht Opfer des dort beschriebenen Verfahrens. Zum einen ist er so willensschwach, daß er sich der drei wilden Racker, die sein Leben oft zur Hölle machen, nicht wieder entledigen kann. Zum anderen mangelt es ihm an Intelligenz, um den Weg zurückzuverfolgen, den die drei hinter sich brachten, ehe sie bei ihm heimisch wurden. Dazu fehlt ihm schlicht der Überblick über die weitverzweigte Sippe der Ducks.
Durch Recherchen in den Archiven der Disney-Corporation ist es jetzt gelungen, diese Herkunft zu klären. Es ist ein ruhmreicher Weg des Kinderhasses:
Driebold Duck und Gertrud Gantenstein, geborene Eider, ehelichen am 12. 6. 1956 und werden bald darauf Eltern der Drillinge Tick, Trick und Track. Da die Kinder sie schon bald durch ihr ständiges Gequake stören und Driebold bei seiner Arbeit als Kartenlocher im Disneyland behindern, werden sie zu einem längeren Besuch zu Verwandten geschickt.
19. 8. 1960 — Erwin Erpel und Edna Eiderdaun, die von dem Besuch Betroffenen, wandern nach sechswöchiger Dauer des Aufenthalts der Kleinen nach Phantasialand aus, nicht ohne die nervende Kinderschar an eine ledige Nichte mütterlicherseits weitergereicht zu haben.
6. 10. 1960 — Donna Duck, die betreffende Nichte, ist zunächst erfreut über die überraschende Unterhaltung, findet jedoch Tick, Trick und Track am nächsten Tag bei eindeutig sexuellen Handlungen mit Fix und Foxi. Vol-

ler Schrecken fährt sie zu Oma Duck, die die Kinder einige Tage in der Scheune einsperrt, damit sie wieder zu Verstand kämen, wie sie sagt.

14. 10. 1960 — Der bekannte Glückspilz und Kinderhasser Gustav Gans nimmt sich in den folgenden Tagen der drei kleinen Enten an, wohl um eine Unterstützungszahlung von der Stadt Entenhausen zu erschleichen. Als das Geld regelmäßig auf seinem Konto eingeht, verkauft er die Kinder an den Zirkus Desmond Duck.

November 1960 — Das Unternehmen zieht, nachdem die Kinder dazustießen, noch zwei Monate durch die Lande und muß dann Konkurs anmelden. Tick, Trick und Track haben das Zirkuszelt angezündet, die Löwen freigelassen und unter Mittäterschaft der Affen eine Bank überfallen. Die drei Jungenten sind flüchtig.

4. 1. 1961 — Bei einem Einbruch in das Haus des Donald Duck findet die Duck-Bande keine Wertsachen, aber die Einrichtung sehr gemütlich. Als Donald, der beim Arbeitsamt seine Unterstützung abzuholen unterwegs war, zurückkehrt, erklären Tick, Trick und Track, daß sie nichts gegen seinen Verbleib im Hause hätten, falls er regelmäßig abwäscht. Donald, der natürlich umsonst beim Arbeitsamt nachgefragt hat, resigniert und fügt sich in sein Los. Was er sich da aufgehalst hat, können Sie jetzt Woche für Woche nachlesen.

Auf den folgenden Seiten können Sie klären, auf welcher Seite Sie stehen — was Sie allerdings, wenn Sie in diesem Buche bis hierher vorgedrungen sind, längst wissen müßten. Fassen Sie es also so auf, daß Sie durch diesen Text noch einmal bestätigt finden werden, daß Sie ein großartiger Kinderhasser sind. Wenn Ihr Testergebnis anderes sagt, beginnen Sie dieses Buch einfach noch einmal von vorn. Wiederholen Sie dieses Verfahren, bis Sie alles auswendig hersagen können. Wenn Sie dann kein Kinderhasser sind...

Test: Sind Sie Ein Kinderhasser?

I. Sie sehen unvermittelt den nebenstehenden Gegenstand vor sich und denken
a) Gnade! Wo ist mein Ohropax? ○ 10
b) Ich muß noch zur Apotheke, Beruhigungsmittel holen ○ 5
c) Ach, wie niedlich! ○ 0

II. Wie würden Sie den nebenstehenden Gegenstand benennen?
a) Quäkknebel ○ 10
b) Schnuller ○ 5
c) Schnuckelchen ○ 0

III. Welcher Satz trifft Ihre Gefühle am besten?
a) Hast du Glück, daß du aus Holz bist! ○ 10
b) Reiten, reiten, weit weg... ○ 5
c) Weihnachten ist ja auch schon wieder... ○ 0

IV. Betrachten Sie das nebenstehende Bild und wählen Sie eine der Interpretationen: Der Maler schreibt:
a) SCHULE ○ 5
b) SCHUHHAUS ○ 0
c) SCHULDTURM ○ 10

V. Sie finden das nebenstehende Tier in der Wanne und denken:
a) Wieso ist denn hier keine Überschwemmung?   ○ 10
b) So eine hatte ich auch als Kind.   ○ 5
c) Quak — quak!!!!   ○ 0

VI. Welchen Gegenstand zeigt das nebenstehende Bild?
a) Ufo   ○ 5
b) Brummkreisel   ○ 0
c) Nervensäge   ○ 10

VII. Was denken Sie, wenn die Uhr die abgebildete Zeit zeigt?
a) Endlich, die Kinder müssen zur Schule!   ○ 10
b) Die Kinder müssen ins Bett!   ○ 10
c) Acht Uhr...   ○ 0

VIII. Wie finden Sie die abgebildete Figur?
a) Ganz reizend   ○ 0
b) Ekelhaft   ○ 10
c) So la la   ○ 5

Auswertung

0—20 Punkte:
Ihre Einstellung Kindern gegenüber ist bedenklich. Es würde nicht verwundern, wenn Sie sich selbst für kinderlieb halten würden. Sicher halten Sie Kinderhaß für verwerflich, aber warten Sie ab, bis Sie selbst welche haben...
Wenn Ihre Gefühle Kindern gegenüber dann allerdings immer noch unverändert bleiben sollten, suchen Sie einen Arzt auf. Es ist besser für Sie...

21—40 Punkte:
Ihnen fehlt es wohl noch ein wenig an Lebenserfahrung, aber Sie sind auf dem richtigen Wege. Weiter so, in ein paar Jahren werden wir Sie sicher in den Reihen der Kinderhasser begrüßen dürfen!

41—60 Punkte:
Ihr Ergebnis zeigt, daß Ihnen der Umgang mit Kindern nicht unvertraut ist und Sie es gelernt haben, sich vor allzu großen Anfeindungen zu schützen. Wenn Sie noch die eine oder andere freundliche Gefühlsregung Kindern gegenüber zu unterdrücken lernen, steht Ihnen der Weg nach oben offen.

61—80 Punkte:
Bravo! Sie sind ein Kinderhasser von Welt! Sie haben die Kinder durchschaut und beherrschen das Repertoire des Kinderhasses perfekt. Besuchen Sie regelmäßig Fortbildungsveranstaltungen und kämpfen Sie weiter für unsere Sache!

Kleines Lexikon für Kinderhasser

A

Altersheim Refugium, in dem Kinderhasser endlich ihre Ruhe haben

Arbeit Tätigkeit, mit der Erwachsene versuchen, den Klauen ihrer Kinder für etwa acht Stunden zu entkommen. Dabei spielt die Art der A. kaum eine Rolle.

artig geschicktes Tarnverhalten von Kindern, die besonders effektiven Schlag gegen Erwachsene planen

Auspuff periphere Öffnung des Automobils, in die Kinder Kartoffeln oder Tennisbälle zu stecken pflegen

Autorität Person, die in der Lage ist, ihr Auto gegen Kinder zu schützen

B

Ball   meist aus Gummi, Kunststoff oder Leder gefertigte Kugel — in Kinderhand furchtbare Waffe, die alles verwüstet — mit Vorliebe gegen Schaufensterscheiben eingesetzt

Bar   ausschließlich Erwachsenen vorbehaltenes Lokal

Bäuerchen   1. kleiner Landwirt, 2. dem Rülpser nicht unähnliches würgendes Geräusch, mit dem Kinder a) unliebsame Nahrung wieder von sich geben, b) anzeigen, daß sie ausreichend ernährt worden sind. B. werden von Kinderfreunden für niedlich gehalten.

Berserker   Kinderhasser in Aktion

Brei   undefinierbares Nahrungsmus, das Kleinkinder mit Vorliebe verzehren. Zutaten, Geschmack und Wirkung auf erwachsene Menschen unbekannt

Busen   reizvolle Verpackung der Muttermilch, die man Kleinkindern besser entzieht

C

Caesar — römischer Feldherr, der erfahren mußte, daß nicht nur die eigenen Kinder Scheusale sind (»Auch du, mein Sohn...«)

Champignon — eigentlich unverwechselbarer Speisepilz, den Kinderhasser gelegentlich mit dem Knollenblätterpilz verwechseln, um sich in seligen ewigen Schlaf zu versetzen

Chaos — meist von Kindern verursachter Zustand völliger Unordnung

China — großes und volkreiches Land Ostasiens mit unendlich vielen Kindern. Als Kinderhasser unbedingt meiden

Cola — Rauschdroge, wird in der Regel zu Pommes frites oder Hamburgern eingenommen, bewirkt Zustände hektischer Aktivität

D

Dame — Frau ohne Kinder

Desaster — → Katastrophe

Dummheit — vorgetäuschte oder — selten — echte Geistesschwäche, die Kinder in der Schule vor übermäßiger Belastung schützt

Dusche — Feuchtraum für die Körperhygiene — Benutzung durch Kinder führt zum → Wasserschaden

E

Ehe — fatale Form des menschlichen Zusammenlebens, die oft zu Kindern führt, unbedingt vermeiden

Eier — Keimzellen, aus denen Kinder stammen

Eis — Droge, von der Kinder völlig abhängig sind — bei reichlicher Versorgung der Kinder mit E. Ruhe und Wohlbefinden der Erwachsenen. Bei Entzugserscheinungen Störungen durch Gequengel und Bettelei. In Einzelfällen Übergriffe auf die Haushaltskasse. Kinderhasser verwenden die kindliche Abhängigkeit, um sich Kinder vom Hals zu schaffen (»Geh, kauf dir ein Eis!«)

Eisenbahnunglück — beliebtes Spiel von Kindergruppen im Ferienlager; oft genügt schon ein größerer Stein

Erziehung — vergeblicher Versuch, aus Kindern vollwertige Mitglieder der erwachsenen Gesellschaft zu machen. Dies gelingt jedoch hin und wieder durch eine Verkettung glücklicher Zufälle

F

Falle 1. Vorrichtung, in der etwas gefangen wird, z. B. Kinder (a. Fallgrube), 2. Situation, in die man mit Bedacht gelockt wird, zum Vorteil des Fallenstellers (z. B. Vaterschaft)

Familie Leidensgemeinschaft zweier Erwachsener mit Kindern; (→ Falle)

Fenster Öffnung, aus der Kinder im unpassendsten Moment a) zu fallen pflegen, b) Gegenstände auf Passanten werfen. Wenn Fenster geschlossen sind, zerstören Kinder die → Fensterscheibe

Fensterscheibe dünne Schicht aus Glas, die Fenster gegen das Eindringen von Luft, Hitze, Kälte, Staub, Geräuschen usw. schützen soll; in der Regel von Kindern zerstört

Ferien	mehrere, über das ganze Jahr verteilte Zeiträume, in denen Schulkinder ganztägig auf ihre Eltern bzw. Umwelt losgelassen werden
Ferkel	1. junges Schwein, 2. schweinischer Junge (Allerdings sind dank einer emanzipatorischen Erziehung auch Mädchen als F. zu bezeichnen, wenn sie länger als zehn Minuten ohne Aufsicht waren)
Feuer	elementare Kraft, die Kinder magisch anzieht (→ Rauch)
Feuerwehr	Feuerlöschunternehmen, das Sie verständigen sollten, wenn Kinder Ihr Feuerzeug haben
Flasche	Gerät zur Ernährung von Kleinkindern, die noch nicht mit Messer und Gabel essen können
Forschungsdrang, kindlicher	der Wunsch, etwas kaputt zu machen
Frau	weiblicher Mensch, potentielle → Mutter
Freiheit	jeder Zustand ohne Kinder
Frosch	Amphibie, Hauptvorkommen in den feuchten Hosentaschen männlicher Kinder
Füllfederhalter	Gerät, mit dessen Hilfe Kinder durch Verspritzen einer blauen Flüssigkeit (→ Tinte) ihr Revier markieren. Heute oft durch den praktischeren Filzstift oder den dokumentenechten Kugelschreiber ersetzt, wobei Markierungen unauffällig aufgetupft werden

G

Galle	Körperflüssigkeit, die Erwachsenen hochkommt, wenn Kinder sich die → Lunge aus dem Hals schreien.
Garten	Freifläche um Häuser, die Kinder mit Vorliebe verwüsten. Im G. findet sich der → Rasen, eine braune, von Kinderfüßen niedergetretene Fläche mit Pflanzenresten. S. a. → Schaukel, → Rosen
Geld	Zahlungsmittel, das Eltern fehlt
Geige	Folterinstrument, mit dem Kinder Erwachsene (z. B. Nachbarn) quälen
Geißler, Heiner	hilfloser Familienminister, der hilflose Erwachsene nicht gegen Kinder schützen kann
Genie	überdurchschnittlich begabter Kinderhasser
Gernegroß	Kind, das langsam vernünftig wird
Gift, schleichendes	toxische Substanz, die den Körper langsam ruiniert (Kindergeschrei in der Nacht z. B.). G. wird auch in Zusammenhang mit → Galle gespuckt

Glas	an sich recht haltbare Substanz aus Quarzmehl, Pottasche und Kalk; zerbricht in Kinderhand ohne ersichtlichen Grund

H

Haft	meist kinderfreier Aufenthalt in einem Gefängnis
Haftpflicht	Verpflichtung Erwachsener, für alle von Kindern verursachten Schäden aufzukommen
Hilfe	1. Unterstützung, 2. Ausruf, wenn Kinder in der Nähe sind
Hinterhalt	besonders geschickt gestellte kindliche → Falle

Holzkopf	besonders begriffsstutziges Kind (Kosename)
Hose	Beinkleid, in das Kinder zu machen pflegen
Humor	Sinn für das Komische, der einem in Anwesenheit von Kindern vergeht
Hund	Mitglied der Hausgemeinschaft, das am meisten unter kindlicher Aggression zu leiden hat. Wehrt sich zunächst mit den Zähnen, bis er einsieht, daß es besser ist, den → Schwanz einzuziehen

I

Igel	einzig ausreichend gegen Kinder geschütztes Säugetier unserer Breiten
Intelligenz	geistiges Potential eines Kindes, wird von sog. I.-Tests gemessen. I. wird meist destruktiv eingesetzt
i-Punkt	Teil eines Buchstaben, den Kinder vergessen, um Grundschulpädagogen in den → Irrsinn zu treiben
Irrsinn	Folge zu häufigen Umgangs mit Kindern

J

Jalousie	Turngerät vor → Fenstern
Jo-Jo	Gerät zur Stillbeschäftigung von Kindern — billig, wirkungsvoll, wenn auch für Erwachsene zu stupide
Jugendamt	hilflose Institution, die hilflosen Erwachsenen gegen Kinder und Jugendliche helfen soll
Jugendschutz	gesetzliche Regelung, die Erwachsene und Kinderhasser vor Kindern und Jugendlichen schützt, indem ihnen der Zutritt zu bestimmten Orten zeitweilig oder vollständig untersagt wird (Kino, Kneipe usw.)
Jux	Kinderscherz mit ca. DM 20 000 Gesamtschaden

K

Kaffee	anregendes Aufgußgetränk, das Kinderhasser, die neben einer Schule wohnen, zum Frühstück nicht nötig haben.

Känguruh	hochentwickeltes Säugetier, das seine Jungen nicht frei herumlaufen läßt!
kaputt	Endzustand von Kindern benutzter Geräte
Kartoffelbrei	1. Nahrung für Erwachsene, 2. Baumaterial für Kinder
Katastrophe	Kinderscherz ohne Limit nach oben
Kaugummi	klebrige Substanz, die Kinder aus dem Mund ausscheiden; zieht Fäden bis zu vier Kilometern Länge und verbindet jeden beliebigen Gegenstand unlösbar mit jedem beliebigen anderen. Mörderische Waffe im kindlichen Zweikampf: im Haar des Gegners satt verstrichen, führt es zu störenden Dauerwirbeln. Wird gelegentlich wie → Knetgummi verwendet
Kindergarten	Kaderschmiede kindlicher Kriminalität

Kinderliebe	psychische Störung, nur durch Schocktherapie (z. B. Wohnen mit Kindern) oder Dauerquengeln zu heilen
Kind und Kegel	Kinderhasser-Kegelspiel
Kneipe	sinnvolle Institution, die Kinderhassern Zuflucht vor Kindern gewährt (→ Jugendschutz)
Knetgummi	klebrige Substanz, die Kinder von irgendwoher bekommen; dient der Ausformung kindlich-expressionistischer Plastiken. Findet sich nach Gebrauch als vielfarbiger Matschfleck im Teppichboden eingetreten. Wird gelegentlich wie → Kaugummi verwendet

Kollaps	normale Reaktion auf längeres Zusammensein mit Kindern
Krabbelgruppe	Zusammenrottung von Kleinkindern, die das Robben in Haus und Gelände trainieren
Krach	häufigste Lebensäußerung von Kindern, wird mit und ohne Hilfsmittel erzeugt, oft anhaltend und ohne Pause; Gegenmaßnahme der Erwachsenen: zunächst Gebrüll, dann Resignation
kreativ	ein besonders einfallsreiches Kind entdeckt immer neue Destruktionsverfahren

L

Laufstall   sinnreiche Konstruktion, die die Umwelt vor herumtapsenden Kindern schützt

Lego   Klötze aus Hartplastik, die Kinder überall verstreuen, um ihre Mitmenschen zu quälen. (Schon mal mit nacktem Fuß draufgetreten?)

Lesen   Tätigkeit, zu den Kulturtechniken gerechnet, die Kinder nur schwer erlernen. Wenn sie das L. allerdings erst einmal beherrschen, lesen sie mit Vorliebe nicht für sie bestimmtes

links   1. Richtung, in die Kinder beim Überqueren einer Straße zuerst sehen sollen, was sie aber stets vermeiden. 2. Art und Weise, wie Kinder in der Regel ihre Kleidung tragen, wenn sie sich allein angezogen haben

Lüge   Wahrheit, von Kindern leicht gebeugt

Luftballon   Dünne Haut aus Gummi, die mit Luft oder Gas gefüllt wird; zunächst Grund unverständlicher kindlicher Freude, später Anlaß zu Gezeter (wenn geplatzt oder eingeschrumpft). Etwa 120 mit Helium gefüllte Luftballons können einen durchschnittlichen Vierjährigen auf und davon tragen. Bei schwereren Kindern verwenden Sie entsprechend mehr

Lunge   Organ, das sich Kinder mit Vorliebe aus dem Hals schreien

M

malen	das Verteilen alles ruinierender Farbpigmente auf Elektrogeräten und Möbeln
Männchen vom Mars, grüne, auch Marsmenschen	M. sehen Erwachsene dann, wenn Kinder an größere Mengen grüner Farbe kommen
McDonald	1. amerikanische »Restaurant«-Kette, 2. Ronald M.-Werbefigur; vermutlich der nächste amerikanische Präsident, wenn die Kinder das Wahlrecht hätten
Messer...	...Gabel, Schere, Licht dürfen kleine Kinder nicht; Spruch, dessen Sinn jeder begreift, der mit Kindern zu tun hatte

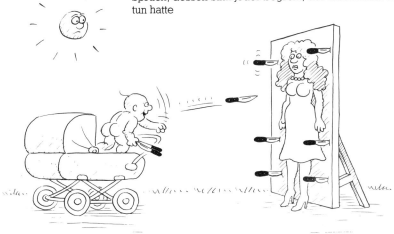

Milch	Kraftnahrung, aus der Kinder ihre schier unerschöpfliche Energie beziehen
Montessori, Maria	Kinderfreundin, die mit Bauklötzen gegen Windmühlen (nämlich Kinder) kämpfte
Mutter	Frau, die versehentlich ein Kind bekommt und unter den Folgen zu leiden hat
Mutterschutz	Schutzmaßnahmen gegen Mutterschaft; s. a. → Verhütung

N

Nase	Organ, das Kinder in alles hineinstecken; tropft gewöhnlich
Neill, A. S.	besonders uneinsichtiger Kinderfreund, dem die Kinder auf der Nase herumtanzten. Begründer der Antiautoritären Erziehung, die nicht nur vergeblich (→ Erziehung), sondern auch noch besonders nervtötend ist

Nerven	reizleitende Bahnen, die völlig überbelastet sind, wenn Sie Kontakt mit Kindern haben
Nes-Quick	Zaubertrank aus Kakao und Milch, der Kinder zu übermenschlichem Geschrei befähigt
neu	Zustand, in dem ein Gegenstand bei Kindern höchstes Interesse erweckt → Neugier, → kaputt
Neugier	unbegreiflicher Wunsch, ständig Neues zu erfahren

Nest	sinnreiche Konstruktion, die die Umwelt vor herumtapsenden Jungvögeln schützt
niedlich	Eigenschaften, die Kinderfreunde Kindern zuschreiben — kommt sonst nur bei Kaninchen und Früchtchen vor
Niere	Organ, an das einem Kinder gehen

O

Oma	Person, die durch ihr Alter gegen Anfeindungen durch Kinder unempfindlich ist; beliebt als Babysitter oder Besuchsziel für Kinder; oft → kinderlieb
Opa	Gatte der → Oma; wie dieselbe
Oper	Singspiel, bei dem Erwachsene so schreien, wie es sonst nur Kinder tun
Ostern	Festtag, an dem Kinder Wohnungen und Gärten verwüsten, indem sie nach → Eiern suchen.

P

Pädagogik	Wissenschaft zur Abwehr von Kindern
Pille	Alternative zur Großfamilie
Polizei	hilflose Institution, die hilflose Erwachsene nicht gegen Kinder schützen kann
Pommes frites	kindliches Grundnahrungsmittel
Porsche	Alternative zur Großfamilie
Präservativ	dünne Haut aus Gummi, die **nicht** mit Luft oder Gas gefüllt wird und vor Gezeter und Geschrei bewahrt, nicht zu verwechseln mit → Luftballon
Puppe	Kinderimitat, mit dem Kinder spielen

Q

Qualle	unterdessen seltene Meeresbewohnerin, mit der Kinder beim Schwimmen unter Garantie in Kontakt geraten.
quertreiben	beliebte kindliche Tätigkeit, demnächst Olympia-Disziplin

R

Rasen	Leidensgemeinschaft getretener Graspflanzen
Rattenschwanz	langer Katalog von Folgen, der bei Kindern immer nachkommt
Rauch	sicheres Zeichen, daß die Kinder Ihr Feuerzeug haben
Rausschmiß	geschicktes Verhalten Kindern gegenüber
Rose	Blütenpflanze mit Dornen, die Kinder trotz ihrer Wehrhaftigkeit in jedem → Garten ausmerzen

S

Sandkasten	Kleinwüste, in die man Kinder schickt
Schaukel	Kinderschleuder
Scherz	Kinderulk mit bis zu DM 1000 Gesamtschaden
Schmerz	unangenehme Empfindung, meist im Zusammenhang mit Kindern
Schmutz	staubige und schmierige Sedimente; Kinder ziehen S. magisch an
Schneeball	gefrorenes Wasser, mit dem Kinder werfen (→ Fensterscheibe)

Schwanz — Wirbelsäulenanhang rudimentärer Art bei Säugetieren, den Kinder erstaunlicherweise nicht besitzen, aber gerne benutzen

Sekunde	Zeiteinheit, für deren Dauer sich ein Kind ohne Probleme still verhalten kann
Sofa	für Kinder: schlappes Trampolin
S.O.S!	Notruf (Save Our Sofa!), wenn Kinder größeren materiellen Schaden anzurichten im Begriff sind
Spontaneität, kindliche	die Fähigkeit, Erwachsene zu jedem beliebigen Zeitpunkt sofort zu nerven

Strohmann	unfähiger und machtloser Platzhalter für eine starke Interessengruppe, die sich scheut, ihre Macht in der Öffentlichkeit auszuüben (→ Teddybär)

T

Taschengeld	moderne Form des Schweigegelds
Tasse	Wurfgeschoß aus Porzellan
Teddybär	Familienmitglied, das unter der Protektion der Kinder steht, oft mit eigenem Bett, Sessel oder Zimmer. Gelegentlich ist der T. auch das von den Kindern gestützte Familienoberhaupt (→ Strohmann).
Tinte	blaue Flüssigkeit, die Kinder aus → Füllfederhaltern verspritzen
Tollhaus	Synonym für Kindergarten

Tollwut	Krankheit, die Hunde und andere Haustiere bekommen, wenn sie von Kindern gebissen werden.

Torte	von Bäckern oder Konditoren hergestelltes Wurfgeschoß für a) Slapstick-Film, b) Kindergeburtstage
Tragödie	szenischer Ablauf mit Kindern
Trotzalter	vorübergehende Entwicklungsphase des Kindes mit strikter Ablehnung und Auflehnung gegen Erwachsene; etwa ab 6 Wochen bis 18 Jahre

U

Ulk	Kinderscherz ohne Verletzte und Tote; bis etwa DM 100 000 Gesamtschaden
Unsinn	normale kindliche Geistesäußerung
Urknall	gigantische schöpferische Katastrophe zu Beginn der Welt, an der ausnahmsweise keine Kinder schuld waren

V

Valium Medikament gegen → Berserkertum bei Kinderhassern

Vase Behältnis, an dem Kinder die Wirkung der Schwerkraft erproben

Vater Mann, der — meist versehentlich — ein Kind zeugt

Verhütung meist erfolgloser Versuch, keine Kinder zu haben

Versicherung Schutzmaßnahme gegen → Verzweiflung. Versicherungen werden mit Versicherungskonzernen abgeschlossen, die gegen eine regelmäßige Prämie alle Schäden begleichen, die Kinder anrichten. Jedenfalls so lange, bis sie Konkurs anmelden müssen. Um nicht sofort Pleite zu gehen, versichern Versicherungskonzerne auch gegen andere Risiken, die im Vergleich zu Schäden durch Kinder so gut wie nie eintreten. Mit den so gewonnenen Prämien stopfen sie wohl die Löcher, die Kinder in ihren Kassen reißen

Verzweiflung sich automatisch einstellende Lebenshaltung, wenn Erwachsene, besonders Kinderhasser, länger als 30 Sekunden mit Kindern in einem Raum verweilen müssen

W

Warnung Hinweis auf besonders gefährliches Kind

Wasser	an sich harmlose Flüssigkeit; in Kinderhand mit gewaltiger Zerstörungskraft
Wasserfarben	Hilfsmittel kindlicher Zerstörungswut, die natürlich **nicht** wasserlöslich sind
Wasserschaden	kostspielige Beschädigung von baulichem Eigentum und Einrichtungsgegenständen aus → Dusche, Waschraum oder Bad. Etwa 96 % aller Wasserschäden werden von Kindern verursacht, die restlichen 4 % von Erwachsenen, die sich aus Verzweiflung über ihre Kinder in der Wanne ertränken wollen
Wind	heftige Luftbewegung. Wenn Sie Kinder haben, können sie jede ruhige Minute in den W. schreiben
Windel	Verhütungsmittel gegen Wasserschäden
Wodka	Beruhigungsmittel für russische Kinderhasser
Wunder	Ereignis, das ohne den Eingriff von Kindern abläuft

Z

Zahnarzt	Vertreter des am häufigsten von Kindern gebissenen Berufsstands
Zähneknirschen	neben dem Heulen beliebteste Tätigkeit in der Hölle; auch in Haushalten mit Kindern üblich
Zank	neben Streit der beliebteste Zeitvertreib in kleinen und großen Kindergruppen
Zeit	Urkraft, die leider für die Kinder arbeitet

Mehr aus dem Eichborn Verlag

Die Kunst der Englisch-Verballhornung greift epidemisch um sich. Wir liefern das erste Buch zur neuen Seuche; mit den besten Gags und vielen Zeichnungen. — Los geht's: Laden Sie Ihre Freunde zur »Gockel-Schwanz«-Party (Cocktail) mit »super fire« (mords Brand) ein! **10,— DM** (1810)

This kitchen-english is strong Tabacco. Aus Tausenden von Einsendungen sind hier die besten Übersetzungs-Gags zusammengestellt. Tolle Zeichnungen und jede Menge Stoff zum Lachen — zu Hause und im Büro. **10,— DM** (1817)

Die irrsten Flops, die genialsten Versager — hier sind sie versammelt. Massenhaft Schadenfreude von der besten Sorte! — Der Westdeutsche Rundfunk urteilt so: »Seit das Lexikon der Niederlagen erschienen ist, kann das Guinness-Buch der Rekorde einpacken.« **16,80 DM** (1082)

Das Lexikon gegen Chefs und andere Ärgerlinge: denn Rache ist süß. Wir bieten massenhaft praktische Rezepte, wie man Bösewichtern ihre Gemeinheiten wirkungsvoll heimzahlt. Lesen und in Vorfreude schwelgen! **Viel Rache für nur 16,80 DM** (1087)

Die subversive Welle rollt. Jetzt geht's Bürokraten, Bonzen, Machtfetischisten, Ausbeutern, Computern, der Kulturmafia und anderen Wichtigtuern ans Leder. Das subversive Lexikon, pickepacke-voll mit erlebter, erprobter + erlogener Action, das deine Phantasie beflügelt. **16,80 DM** (1084)

Eine Sammlung, die es bisher nicht gab: derbe, aufmüpfige, listige, zweideutige, gescheite, erfrischende, aggressive und lustige Sprichwörter. — »Wenn die Zähne weg sind, hat die Zunge freies Spiel!« Stimmt doch. Oder? — Über 1200 schnoddrige Sprichwörter. **16,80 DM** (1083)

NOCH MEHR AUS DEM EICHBORN VERLAG

Jede Menge Zoff / für Studienrat und Prof. Erste, einzige und ausführliche Anleitung zum Schummeln, Spicken und Vortäuschen von Prüfungswissen. Ein Buch, das jeden Notendurchschnitt sprunghaft verbessert. Listig, lustig, raffiniert. Schülerfreundlicher Preis: **10,— DM** (1024)

Das ist Schummeln total. Neue Tricks für Fortgeschrittene. Chemie, Taschenrechner, Homecomputer, Sender und Empfänger werden angewandt und wissenschaftliche Testverfahren übertölpelt. Dazu Mogelgeständnisse Prominenter. — Kaufen und ausprobieren! **10,— DM** (1033)

So werden Lehrer auf Trab gebracht! Jede Menge Tips, Hinweise, Handlungsanleitungen, Strategien und Gemeinheiten, wie man dumpfautoritäre Lehrkörper unter Streß setzt. **Das Lehrbuch für die effektive Schüler-Notwehr; nur 10,— DM** (1030)

Lehrer, Eltern, Chefs, Hauswirte ecetera denken, du bist blöd. Von wegen! Kohle von den Eltern, anständige Noten, geile Kleidung, Ausgang nach Lust und Laune — hol sie dir. Du hast massig Rechte. Welche? Nachschaun! Hier! **10,— DM** (1035)

An alle Bürger dieser Republik: Besorgt euch dieses Überlebensbuch gegen Bürokratenwillkür und Datenverarbeitung. Es liefert wirkungsvolle Tricks und Tips zum Ärgern der Beamtenseele. Das ist konstruktive Subversion, wie wir sie lieben. — Für alle, denen die verwaltete Welt stinkt. **10,— DM** (1019)

Lehrer, Kindergärtnerinnen, Hausbesitzer, Kontrolleure, Schrebergärtner und Kirchenvorsteher halten Kinder für halslose Ungeheuer. Ergo kriegen sie ihren Ratgeber zur Bekämpfung dieser Brut. Mit Kinderhasser-Lexikon im Anhang. — Auch für entnervte Eltern von Nutzen. Ätzende Zeichnungen. **10,— DM** (1816)